LETTRE DE M. DUT.

NEGOCIANT A PARIS,

A M. RISSCH,

NEGOCIANT A FRANCFORT,

Sur les Ouvrages & Bijoux d'or & d'argent.

JE CONVIENS sans peine avec vous, Monsieur, que l'Arrêt de la Cour des Monnoies de Paris, du 2 Décembre 1755, pour les Ouvrages & Bijoux d'or & d'argent, est un monument respectable de la vigilance de nos Magistrats, de leur attachement aux formes qui leur sont

A

prefcrites. Cet Arrêt étoit indifpenfable pour empêcher que l'ufage des garnitures ne s'introduisît dans toutes les efpeces de Bijoux, à la faveur du confentement tacite que fembloit exiger le progrès continuel des Arts dans une efpece particuliere, depuis vingt ans environ qu'elle exifte. Les Juges de forme font des Juges de rigueur : mais MM. de la Cour des Monnoies étoient trop éclairés pour ne pas fentir que leur Arrêt, quoique néceffaire, alloit priver la France d'un commerce de plufieurs millions, & d'un nombre confidérable d'ouvriers habiles qui reftent fans emploi. Ils ont laiffé, avec raifon, à la fageffe du Gouvernement, le foin de modifier, fuivant les befoins de fon peuple & de fon induftrie, les regles établies en d'autres circonftances.

Voilà, Monsieur, ce qu'on a pensé à Paris de cet Arrêt. Il me paroît par votre Lettre, que vous avez peu cultivé cette branche de Commerce ; & je soupçonne que vous n'avez point à Francfort de Bijoutiers en Email qui ayent pû vous expliquer le méchanisme de ces Ouvrages. Je crois donc vous faire plaisir de traiter avec vous la question sous le point de vûe méchanique ; nous passerons ensuite aux vûes politiques ; & j'espere répondre d'une maniere satisfaisante aux reproches que vous semblez faire, soit à la bonne-foi, soit à l'avidité de nos Artistes.

Vous n'ignorez pas sans doute que c'est du degré de chaleur du feu que dépend la vivacité des couleurs de l'émail ; que l'accord du tableau, c'est-à-dire l'égalité parfaite entre toutes les faces d'une boîte, est une des parties des plus importantes à obſerver ; que l'émail ne peut être appliqué que ſur l'or très-fin ; & que l'or, à meſure qu'il eſt plus fin, reçoit un poli moins parfait.

Ces principes poſés, je diſtinguerai cinq claſſes générales des tabatieres en émail.

1°. Les boîtes pleines en émail.

Etant compoſées de deux pieces ſeulement, ſavoir une pour le deſſus, l'autre qui forme le fond & les côtés, elles peuvent ſe ſoûtenir par elles-mêmes ſans le ſecours des garnitures. C'eſt l'eſpece d'émail qui approche le moins d'une juſte imitation de la nature, par la difficulté de le chauffer. Les ſoudures manquent ſouvent dans les feux multipliés, que le Peintre donne à ſon ouvrage ; les côtés ne viennent jamais d'accord ; & ſi l'on en veut retoucher une, quelqu'autre endroit qui n'a pas besoin de feu s'y trouve exposé & se gâte.

Le seul moyen de s'épargner des risques & du tems, c'est de monter les boîtes en cage; c'est-à-dire qu'elles sont composées de plaques détachées, qui s'assemblent lorsqu'elles sont en état, dans un chassis ou sertissure d'or. Il n'y a point de soudure qui gene l'Emailleur; les plaques séparées sont posées à plat au fourneau; l'émail est plus égal. Les quatre especes de boîtes que je vais vous décrire, sont montées en cage.

2°. L'émail naturel transparent. On perce à jour une plaque d'or à vingt karats, de l'épaisseur précise que doit avoir l'émail. Cet émail doit être supporté par une feuille d'or à vingt-trois karats, qui après avoir été soudée, est regravée pour recevoir l'émail transparent.

Dans cette eſpece, la plaque qui ſoûtient l'émail ayant une épaiſſeur convenable, n'a beſoin pour ſa ſolidité que de la doublure ordinaire : mais comme il eſt impoſſible que cette doublure ſoit aſſez intimement unie à la plaque ſupérieure, pour ne laiſſer aucuns vuides, il eſt abſolument eſſentiel à la ſûreté du travail de les remplir avec du papier ou des cartes. L'Arrêt qui proſcrit tout corps étranger non apparent en fait d'émaux, proſcrit donc cette eſpece de boîtes. Elle eſt fort agréable à l'œil, en ce que l'or à 20 karats recevant un très-beau poli, joue à merveille avec le cartouche d'émail transparent.

3°. L'émail tranſparent peint en-deſſous, a la couleur des pierres à doublet : il imite beaucoup mieux la nature, que l'émail même.

Les plaques ſont d'or à vingt-deux karats, percées à jour en deſſein de fleurs. A la plaque d'or eſt appliquée une feuille d'argent, eſtampée du même deſſein, ſur laquelle on peint les fleurs.

Pour empêcher que la feuille d'argent qui ſoûtient l'émail ne ſe ſépare de l'or, on eſt obligé d'employer le maſtic. La garniture de nacre peut ſeule être employée à cette doublure; parce que ſon union intime avec le maſtic, l'attache étroitement à la plaque de deſſus, au point que cet ouvrage, quoique fort leger, eſt capable de ſoûtenir un poids conſidérable, à-peu-près comme on voit une glace polie porter un millier peſant, ſi elle eſt couchée ſur un marbre très-uni.

L'or au contraire ſe détache du

maſtic au moindre mouvement ; cet écartement produit de faux points d'appui, & l'émail ſe briſe.

Cet ouvrage doit donc néceſſairement être garni pour être ſolide.

Vous apprendrez sûrement, Monſieur, avec plaiſir un fait intéreſſant à ce ſujet ; il n'eſt point inconnu aux ſupérieurs.

Un Artiſte, dont je tairai le nom par égard, s'étoit vanté de faire une pareille boîte ſans corps étranger ; il ignoroit les élémens de l'Art : mais il s'adreſſa à un habile ouvrier, auquel il fit part de ſon engagement. L'impoſſibilité de ſa demande lui fut alléguée ; le maître Artiſte inſiſta, & promit le double du prix ordinaire pour la façon. On voulut doubler la premiere plaque avec de l'or, ſuivant l'engagement pris authentiquement ; mais en montant le deſſus de la boîte, l'émail se dérangea; il fallut y substituer de la nacre. Jugez par ce récit très-exact, des rapports qui vous ont été faits.

Si jamais on vous présentoit par hasard quelque boîte en émail transparent peint en-dessous, non garnie; je vais vous proposer une expérience fort simple. Procurez-vous-en une garnie de la même grandeur, & toute montée; chargez la moitié de chacune d'un poids de quatre à cinq livres; vous connoîtrez bien-tôt laquelle est la plus solide. Si l'Artiste, dont la boîte est tout or, refuse de se prêter à l'expérience, il est clair qu'il doute lui-même de la solidité de son ouvrage; & je vous promets d'après mes propres yeux, que dans le genre d'émail dont je parle, on vous laissera réitérer l'essai tant qu'il vous plaira sur les boîtes garnies.

4°. L'émail peint en miniature, formant des tableaux.

Une plaque d'or sans soudure à vingt-deux karats, reçoit l'émail. Pour la soûtenir, il faut un corps étranger : car si l'on employoit l'or, les pointes des clous paroîtroient & la doublure ne pourroit être polie ; il faudroit une seconde doublure qui augmenteroit de cinq onces le poids de la boîte, & son prix de plus de 450 livres.

5°. L'émail verni.

C'est une plaque d'or percée à jour. Le cartouche du milieu qui doit former le tableau, est une plaque d'argent incrustée dans l'or. Ce cartouche gravé, on y applique le vernis : le blanc & le poli de l'argent operent un effet brillant, que l'or ne pourroit rendre. Ce vernis doit être séché à un four très-chaud ; dès-lors

la nacre ne peut être employée à l.
soûtenir. On se sert de tole, que l'on
rive avec la plaque supérieure. Si
l'or y étoit employé, le poids augmenteroit de cinq onces, & la valeur de plus de 450 livres.

Le prix modique de cette espece
de bijou en procure un débit considérable. Pour le rendre plus agréable; dès que le vernis est séché, on
incruste après-coup des fleurs de
Burgos dans la plaque d'or.

Voilà les cinq classes générales,
sous lesquelles on peut réduire les
boîtes en émaux. L'industrie des Artistes peut modifier à l'infini chacune
des quatre especes en cage: c'est à
celles-là seules que les garnitures
sont nécessaires & sont employées.

Je n'ai parlé que des superficies
planes; mais la forme ovale ou ron-
de oblige d'employer la tole ou le

cuivre en garniture, parce que la nacre ne peut se ployer.

Les Ouvrages garnis en cage, indépendamment d'une plus grande vivacité de couleurs, ont cet avantage, que toute piece offensée se rétablit aisément; ce qui ne peut se pratiquer pour une boîte pleine, émaillée, puisqu'il faudroit l'exposer toute entiere au feu. Depuis près de quinze ans que ces sortes d'Ouvrages ont sans cesse augmenté de débit en Europe, les Etrangers sont dans l'usage de renvoyer raccommoder à Paris ceux auxquels il survient quelque accident : preuve évidente qu'ils sont depuis long-tems instruits de ce que c'est qu'une garniture ; qu'elles leur ont toûjours été vendues comme corps étranger, & non comme or, enfin que les garnitures sont de leur goût.

Aux boîtes en cage, émaillées & garnies, on doit joindre plusieurs especes de boîtes revêtues de corps apparens, comme burgos, diamans, pierres. Toutes ces boîtes ont besoin d'un corps étranger pour les soûtenir ; car si la garniture étoit en or, le poids seroit trop considérable, & leur prix hausseroit. Voici la comparaison d'une garniture en or & d'une garniture en nacre sur une boîte d'homme quarrée, de 18 lignes de hauteur, de 3 pouces de longueur, & de 2 pouces 2 lignes de largeur.

Le dessus en or pese	1 onc.	4 gr.	0 d.	20 s.
L'une des grandes battes		6	+	10
L'une des petites battes		4	–	3
	2	6	1	9
Le dessous & les deux autres battes	2	6	1	9
Total de ce que pese une garniture en or	5	4	2	18

L'or à 87 l. 10 s. ce sont 468 l. 16 s. 4 den. $\frac{144}{576}$.

Le dessus en nacre pese	2 gr.	—	[illegible]
Une des grandes battes	1	—	—
Une des petites battes		1	13
Les dessous & les deux autres battes	3	1	23
	3	1	23
Total de ce que pese une garniture en nacre	7	—	22

La différence du poids est donc de 4 onces 5 gr. 1 d. 20 s. & la différence du prix est de 468 liv.

Une boîte d'homme quarrée, garnie, peut peser environ 5 onces; & cette même boîte non garnie, ou toute or, pesera environ 10 onces.

Telles sont les raisons de convenance pour l'Acheteur, la solidité, la legereté, & le meilleur marché.

Il ne s'agit plus, Monsieur, que d'examiner si ces motifs ont un attrait général & décisif pour les Acheteurs; & si l'intérêt de la bonne-foi, supérieur à tous les autres, peut être mis d'accord avec celui d'une Manufacture très-florissante.

Tous les Banquiers & les Commissionnaires de Paris sont en état de certifier que les boîtes émailleés leur sont demandées avec garniture. Depuis l'Arrêt il est venu envain des ordres d'Italie, d'Allemagne, de Pologne, de Russie ; & les Négocians auxquels ces emplettes étoient confiées, ont porté au Ministre des plaintes unanimes de l'interruption apportée dans ce commerce. Ce fait est notoire dans notre Capitale. M. Harbourg, Négociant de votre ville, & qui fait un très-gros commerce de ces boîtes garnies, en Allemagne, aux Foires de Leypsic, est ici actuellement, logé rue Bourg-l'Abbé, vis-à-vis le Lion-d'argent. Si les prohibitions subsistoient, il cesseroit de faire à Paris les deux voyages qu'il y fait tous les ans pour ſes emplettes. Les boîtes garnies, je vous le repete, ſont un des principaux articles qu'il enleve : elles ne lui ont jamais été vendues que pour garnitures, il ne les a jamais revendues autrement en Allemagne ; & depuis nombre d'années il en a envoyé rétablir pour des particuliers, dont il n'a point eu de reproches.

Penſez-vous, Monſieur, que des Particuliers de tant d'endroits ſi différens, demandaſſent des Ouvrages garnis, ſans motifs ; ou qu'on leur en refuſe de pareils dans d'autres pays qu'en France ? Penſez-vous que les progrès ſurprenans de cette branche de Commerce depuis quinze ans, puiſſent avoir d'autre cauſe que le goût général de l'Acheteur pour la commodité & le bon marché ?

Vous connoiſſez peu ſans doute, Monſieur,

Monſieur, les faux beſoins du luxe dans l'heureux pays que vous habitez : ſi j'avois à parler de ſon eſprit, de ſon influence ſur les actions des hommes, je ne pourrois trouver d'objet de comparaiſon plus propre à le peindre, que ces boîtes émaillées & garnies. Le même éclat qui a ſéduit & ſollicité l'Acheteur, fait une impreſſion égale ſur ceux qui voyent un pareil Ouvrage entre ſes mains ; il eſt payé de ſa dépenſe par la ſurpriſe qu'excite le travail, par les éloges qu'en reçoit ſon goût. La matiere n'a aucune part à ce commerce de vanité ; & jamais on n'a loüé une tabatiere ſur ſon poids en or, que pour jetter un ridicule ſur le goût biſarre du propriétaire. Ce ſeroit un air encore plus opulent, de porter toûjours avec ſoi un contrat de 100 mille écus ; mais je ſuis perſuadé que la nation des agréables trouveroit dans ce genre de luxe un fond de mesquinerie : il ne prendra point.

L'homme de luxe ne cherche qu'à se distinguer & à paroître : prodigue sans égards pour remplir son objet, il se précipite souvent vers les détails de la plus mince économie dans l'intérieur de son domestique ; quelquefois même il ne balance pas entre sa vanité & ses besoins réels, si lui seul est le témoin du sacrifice.

La subsistance de nos Artistes n'est fondée que sur cette ambition de se distinguer. L'homme peu riche veut du bon marché, pour paroître aussi délicat dans ses goûts, que si la fortune l'avoit tiré de la classe commune. L'homme opulent veut du bon marché, pour multiplier les occasions de se distinguer, & se séparer de cette foule de petits rivaux qui l'environnent.

Une boîte de mille écus, garnie, coûtera 3468 liv. sans garniture; & 468 livres sont plus précieuses, soit en épargne, soit en un autre meuble de luxe, à ceux qui recherchent ces sortes d'Ouvrages, que 468 liv. en matiere d'or, qu'ils ne retrouveront que dans dix ans. Ce calcul est bien moins chimérique que celui où vous supposez que tout Acheteur d'une boîte de 4000 livres, y suppose pour 1000 liv. de matiere. Ne nous proposerez-vous point un reglement sur ce que chaque boîte contiendra d'or? En ce cas, je vous prie de songer que la valeur de 1000 liv. d'or à 22 karats, répond à 9 ou 10 onces, sans compter le poids de l'émail, ou autre corps étranger.

Je ne m'arrête point sur la commodité d'un moindre poids, parce que chacun en est juge. Tout le monde ſait combien 5 onces de plus ſont incommodes à porter ; la legereté eſt un des principaux mérites de tous ces petits meubles ſi fort multipliés, & dans cette occaſion il ne s'agit pas moins que d'un poids double, c'eſt-à-dire de 5 onces ou de 10.

Jugez à-préſent, Monſieur, ſi vous n'avez pas avancé un principe deſtructif des Manufactures, en diſant que la gêne conſiſtoit uniquement à régler la forme des Ouvrages, & non pas à régler leur matiere. Si le choix & la qualité de la matiere ſont preſcrits d'une maniere qui contrediſe le goût de l'Acheteur, n'eſt-ce pas gêner la forme, ou plûtôt n'eſt-ce pas anéantir l'Ouvrage ? En voici un exemple frappant, & que vous comprendrez mieux, étant plus verſé probablement dans la Draperie que dans la Bijouterie. Une maiſon de Messine me demanda il y a quelques années quarante pieces de drap d'Elbeuf à 14 liv. 10 sols l'aune, en conséquence d'un essai que je lui avois envoyé précédemment pour mon compte. Dans l'intervalle, on crut devoir prescrire la qualité des laines d'Espagne propres au drap d'Elbeuf, ce qui en porta le prix à 16 livres. L'Inspecteur me refusa une permission particuliere, les quarante pieces furent fabriquées & achetées en Angleterre.

Ce que vous me mandez sur le mécontentement où l'on est en Espagne de notre Bijouterie, m'a d'abord effrayé; mais bientôt réfléchissant que la nouvelle nous en vient par Francfort, j'ai soupçonné avec fondement qu'on vous avoit fait un récit infidele. Voici, Monsieur, ce qu'on auroit dû vous dire. En Espagne les Ouvrages de Bijouterie ordinaire ne plaisent point au commun, s'ils n'ont l'œil jaune, & s'ils ne sont d'un titre supérieur au nôtre, qui est de 20 karats. Mais il n'est pas défendu en France de travailler à plus haut titre; & nos Artistes ne sont point assez peu intelligens pour refuser de servir aucune Nation dans le goût qu'elle prescrit, lorsqu'ils le peuvent faire en sûreté. La plus grande partie de l'Europe préfere le beau poli, le bon marché, & l'œil rouge, comme plus gai; nos Artistes dès-lors travaillent plus ordinairement sur ce pié-là.

Je desirerois fort que vous eussiez été bien informé sur le commerce de Bijouterie des Anglois au Levant, & que le nôtre eût pris totalement la supériorité; mais nous ne l'avons acquise que dans le genre des Ouvrages extrêmement chers de Joyaillerie, de Bijouterie, & de Marqueterie. J'ai connu pendant plusieurs années un Commissionnaire du dernier Sultan, qui vrai-semblablement est encore à Paris; il s'y étoit transporté exprès pour faire toutes les commissions du Serrail. Né dans le pays, en connoissant les goûts, il eût profité de cette occasion pour spéculer sur les Ouvrages à la portée du peuple, s'il y avoit entrevû un avantage. Je puis même vous assûrer, avec toute l'Europe commerçante, que les Levantins sont de tous les peuples les moins sensibles aux modes: presque toute la Bijouterie qui s'y débite, consiste en montres, en pendules, & les Anglois la fournissent.

Je ne puis resister aux preuves do fait que vous alléguez, en me disant que des personnes de votre connoissance ont découvert la garniture de leurs boîtes émaillées, avec autant de surprise que de mécontentement; mais je ne puis que plaindre vos amis du malheur particulier qu'ils ont eu d'être trompés, & du peu de connoissance qu'ils ont apportée dans leur emplette: car un corps étranger apparent devoit les avertir de ne point acheter l'ouvrage au poids, & le moindre connoisseur en Bijoux savoit depuis quinze ans que ces sortes d'ouvrages se déceloient seuls par leur legereté. Une preuve même sans replique de la bonne-foi de nos Artistes, c'est qu'ils ont choisi les corps les plus legers pour garnir leurs ouvrages: si l'avidité seule eût reglé leur industrie, n'auroient-ils pas choisi les corps étrangers les plus lourds? leurs doublûres ne seroient-elles pas plus épaisses? Nous

Nous nous réunirons sur un principe, Monsieur, c'est que toute fraude impénétrable à l'œil de l'Acheteur, doit être bannie : cherchons-en seulement l'application dans la question que nous agitons.

Je vous ai exposé les sages motifs de la Cour des Monnoies ; elle a craint que son silence à l'égard des Bijoux revêtus d'un corps étranger apparent, ne servît de prétexte aux Artistes mal-intentionnés, pour garnir des Ouvrages dont la superficie ne porteroit aucun corps étranger apparent. C'est à ces Ouvrages composés entierement d'or à l'extérieur, que s'applique justement le principe dans toute son étendue & dans toute sa rigueur. A l'égard des Ouvrages revêtus d'un corps étranger apparent, & qui ne peuvent être vendus au poids, il est un juste tempérament à saisir ; l'Arrêt même de la Cour des Monnoies l'a indiqué avec beaucoup de sagesse au Gouvernement.

Les Magistrats ont satisfait à la Loi, en proscrivant un mélange qu'elle défend ; mais en même tems ils se sont contentés de faire appliquer un poinçon sur les boîtes garnies portant un corps étranger apparent, qui se trouvoient faites : preuve certaine qu'ils les ont supposées du goût des Acheteurs jusqu'à ce jour ; & qu'ils ont été persuadés que la réputation de notre Bijouterie ne souffriroit point de la sortie de ces Ouvrages, dès qu'on les sauroit garnis.

En effet, si la garniture dans une boîte revêtue d'un corps étranger apparent, étoit une simple fraude ; si cette garniture n'étoit commode & utile à l'Acheteur, on eût saisi tous les Ouvrages de ce genre, ou du moins on eût forcé l'Artiſte à démonter ces cages frauduſeuſes : on ne lui eût même pas accordé un eſpace de quinze jours, plus que ſuffiſant pour en achever un très-grand nombre. Des boîtes garnies dont la ſurface eût été tout or, n'euſſent aſſûrément point éprouvé le même traitement, & l'Artiſte eût été puni exemplairement.

Si la ſortie de ces Ouvrages pouvoit nuire à la réputation de notre Bijouterie, on n'eût point regardé comme un paſſeport ſuffiſant, un poinçon qui peut être contrefait, ſoit en France, ſoit dans l'Etranger.

Cette conduite meſurée & réfléchie de la Cour des Monnoies, ſemble donc avoir eu pour objet d'indiquer au Gouvernement l'unique moyen de maintenir en même tems la foi publique, & de protéger une Manufacture qui dès sa naissance apporte de si grands avantages.

Ce moyen simple & naturel consiste à déclarer que tout Ouvrage monté en cage, c'est-à-dire composé de plaques enfermées dans des sertissures d'or ou d'argent, & revêtu en même tems d'un corps étranger apparent, sera desormais censé en contenir un non-apparent, & ne pourra être vendu qu'à la main, & non au poids.

Nous avons deux sortes de titres pour l'or: les Ouvrages d'Orfévrerie doivent être à 22 karats: les Ouvrages de Bijouterie sont permis à 20 karats. Nous pouvons donc avoir des Bijoux dans lesquels la garniture sera permise, & d'autres dans lesquels elle sera prohibée.

Les uns & les autres porteront

leur marque diſtinctive, puiſque la garniture ſera cenſée jointe au corps étranger apparent, dans les boîtes montées en cage; & que toute ſurface d'or ou boîte pleine ne pourra couvrir de corps étranger non-apparent.

Voilà la marque la plus sûre qui puiſſe être appliquée à ces ſortes d'Ouvrages; marque beaucoup plus diſtinctive pour toutes les Nations, que celle de la gravûre & des poinçons; marque inaltérable enfin.

Cet expédient n'eſt pas moins conforme aux vûes de la police & de la politique, que celui dont on a uſé avec un ſuccès reconnu pour le commerce de la Joaillerie; car ſoit que les Acheteurs y ſoient réputés plus habiles, ou les Artiſtes plus honnêtes gens, les Metteurs en œuvre ne ſont tenus d'indiquer les diamans doublés que par un *D*, & les diamans teints que par un *T*. Avons-nous jamais entendu dire que l'Etranger se soit dégoûté de nos Ouvrages de Joaillerie, parce que nous leur vendons des diamans teints ou doublés ?

Ici tous les inconvéniens possibles sont prévenus : ou bien les Etrangers veulent une garniture dans les Ouvrages montés en cage, déjà revêtus d'un corps étranger apparent ; & en ce cas il convient de ne pas laisser passer leur argent dans d'autres pays : ou bien quelques Particuliers voudront, contre l'usage, avoir ces sortes d'Ouvrages non-garnis, & ils seront servis à leur goût ; on leur donnera tel poids en or, & telle valeur intrinseque qu'ils le voudront.

Je vous entends déjà, Monsieur, former une objection. Les Artistes, me direz-vous, qui ſont dans l'uſage de faire ces ſortes d'Ouvrages entierement en or, quoique plus lourds & plus chers, trouvent des Acheteurs : quelle marque diſtinguera deſormais ces boîtes entierement en or, de celles qui ne le ſont pas ? Ma réponſe ſera facile. Depuis quinze ans le Public eſt accoûtumé à trouver un corps étranger non-apparent dans les Ouvrages montés en cage, revêtus d'un corps étranger apparent ; l'Etranger, ainſi que le François en général, les demandent en ce genre : il n'y a donc d'exception que celle qu'y apporte le caprice de quelque Particulier qui veut une boîte plus chere & plus lourde. Il ſera dans le cas de celui qui demanderoit une boîte d'or à 23 karats : il n'eſt point défendu de le ſatisfaire, mais un goût particulier doit-il géner un goût général ? Disons plus, une boîte tout .. porte sa marque distinctive avec elle. Personne n'ignore qu'entre deux volumes égaux de cuivre & d'or, la différence du poids est en raison de 4 à 9. Quel que soit l'art d'un faux monnoyeur, il est toûjours décelé par le poids. Un louis d'or véritable pese 2 gros 9 grains environ ; un louis d'or faux le mieux monnoyé ne pesera qu'un gros & quelques grains, suivant la nature de l'alliage. Chacun connoît cette différence, qui résulte de celle des gravités spécifiques dans les métaux. Doute-t-on d'une piece de monnoie, on la pese. J'ai déjà répeté plus d'une fois que sur deux boîtes de pareille grandeur, dont l'une sera tout or & l'autre garnie, la différence de poids est de 5 onces : chacun peut, en entrant chez un Bijoutier, s'assûrer de la même expérience. Les boîtes tout or portent donc avec elles un caractere distinctif. Cependant, j'y consens, épuisons tous les expédiens en faveur de la facilité du travail & de la foi publique. Que sur la fermeture des boîtes, & sur le lien le plus apparent des Ouvrages montés en cage, revêtus d'un corps étranger apparent, & qui en contiendront un non-apparent, on grave ce mot, *garni*; que le poinçon de décharge soit appliqué dans la lettre *G.* Cette précaution peut être surabondante; mais elle est utile, si elle prouve aux Etrangers notre extrême délicatesse dans le Commerce. Je n'ignore pas qu'on a prétendu que cette gravûre se pouvoit effacer, qu'on pouvoit à cette bande en substituer une autre: je l'ai crû moi-même, parce qu'on me l'assûroit; mais jai conféré avec des Artistes qui ne sont aucun des Ouvrages en question, avec des gens qui gravent & qui manient continuellement l'or & l'argent : ils m'ont assûré unanimement qu'il étoit impossible de lever ce mot, *garni*, pour y substituer un autre morceau, sans que la trace en fût visible par un enfant même. Ces personnes ont été jusqu'à vouloir que j'accusasse mes Auteurs ou d'ignorance ou de peu de bonne-foi. Il faudroit, me disoient-elles, s'exposer ou bien à endommager un travail très-cher & très-délicat, ou bien à donner à un Ouvrage neuf, l'air d'un Ouvrage ancien & retouché ; car enfin cette piece substituée ne sauroit se soûtenir que par une soudure ou par des clous rivés.

La surprise de l'Etranger ne pouvoit consister que dans le doute, &

il eſt levé ; ou bien dans l'ignorance de ſes Commiſſionnaires en France, & tous connoîtront ce nouveau réglement, comme ils connoiſſent celui des diamans teints ou doublés, ou celui des divers titres auxquels on travaille dans l'Orfévrerie.

Car ce ſeroit une pure déclamation de prétendre que nos Ouvrages de Bijouterie occaſionneront à cinq cent lieues du Royaume, une fraude que la Police de Paris doit prévenir. Ne voyons-nous pas chaque jour des montres de Geneve porter le nom des plus fameux Horlogers de Paris ? ces habiles Artiſtes en ont-ils perdu quelque choſe de leur réputation ? L'Horlogerie de France n'eſt-elle pas reconnue pour la meilleure de l'Europe ? Pouvons-nous empêcher qu'on ne grave dans l'Etranger ſur une boîte de mauvais or, le nom de nos plus célebres Bijoutiers ? l'empreinte sacrée de la Monnoie n'est-elle pas trop souvent contrefaite ?

Si vous n'étiez, Monsieur, d'un Pays neutre dans les affaires qui agitent l'Europe, j'aurois soupçonné votre politique d'être intéressée à la chûte de nos Arts & à la fuite de nos Ouvriers ; mais vous reclamez un principe trop honnête & trop précieux à ma Nation, pour me défier de votre zele. Oui, Monsieur, toute fraude qui ne peut être apperçûe, doit être bannie ; toute Manufacture dont la surprise seroit l'appui, doit être immolée à la foi publique : voilà les principes du Gouvernement en France. Mais il sait en même tems évaluer les termes de fraude & de surprise : il sait principalement que les lois fondées sur des principes mal combinés & mal compris, sont des pieges tendus à l'humanité, & peuvent étendre le nom de crime à des actions utiles à la société ; son influence a même déjà corrigé l'abus de certains mots odieux que l'ignorance ou la légereté prodiguoient indifféremment à tout homme qui gagne ou qui subsiste par le travail des Arts : mais vous êtes Etranger, Monsieur, & je ne vous faits point un crime de l'usage que vous en avez fait.

Lorsque la sagesse du Ministere aura reconnu qu'il est une espece de Bijoux dont la vente ne se feroit pas sans garniture, il n'hésitera plus à distinguer ce genre d'Ouvrage des autres, à lui prescrire les regles qui lui sont particulieres. Vous comprendrez alors par les effets & par les yeux d'une lumiere supérieure, que ces garnitures n'étoient point l'échange clandeftin d'un métal groffier contre de l'or pur ; qu'il n'y a pas plus de fupercherie à faire une boîte legere, & à meilleur marché de 4 à 500 livres, qu'à fabriquer une compofition de rubis affez parfaite pour fupporter un entourage de diamans véritables.

Dans ce genre, par exemple, l'art du fieur Dupré a vaincu pour ainfi dire la nature ; & fes pierres brillent même dans les diverfes Cours avec autant d'éclat que celles de l'Orient. S'il habitoit Francfort, vous feriez fans doute vos efforts, Monfieur, pour faire profcrire de votre Ville cet Art féducteur porté à un tel degré, que les Jouailliers de Paris font imiter par cet Artifte leurs pierres de conféquence, & conviennent du prix avec leurs Correfpondans fur cette fidele imitation qui faifit toutes les nuances. Ici nous regardons cette Manufacture comme une branche de Commerce utile, & comme un moyen d'annoncer à l'Etranger les pierreries qui ſont à vendre dans notre capitale, ſans les expoſer aux frais & aux riſques du tranſport. Il faut connoître les propriétés, l'étendue, & le méchaniſme d'un Art pour en juger ſainement : les lieux communs ſur la bonne-foi, captivent toûjours l'oreille & la multitude ; mais un fait, une définition ſimple, une courte explication des circonſtances, diſſipent le preſtige ; les faux géans ne ſont plus que des nains aux regards de ceux qui ſavent ſe ſervir de leurs yeux & de leur raiſon.

L'art des Ouvrages montés en cage, revêtus d'un corps étranger apparent, n'eût point éprouvé ſans doute de contradictions, s'il eût été considéré sous les diverses faces; & vraissemblablement il sera protégé par le gouvernement. Une Manufacture très-riche reprendra son cours; nos ouvriers desespérés n'iront porter ailleurs ni leur talent, ni leur consommation. Nous sommes persuadés en France que tout homme vivant par le travail, se fixe dans le lieu où il en trouve; & dût l'inconstance de nos ouvriers les ramener dans leur vieillesse habiter nos hôpitaux, nous sommes persuadés qu'ils nous auroient privés pendant leur absence de toutes les valeurs produites par leur industrie dans l'Etranger; nous croyons que si la misere ou la contrainte ne les eût chassés de leur pays, ils auroient vrai-semblablement contribué à sa population. Debuir faisoit du coulé sur écaille: on fit peu de cas de son art; & à pei-

ne

ne fut-il passé en Angleterre, que la mode nous fit payer ses plaques jusqu'à 50 louis. La perte d'un seul habile Artiste peut couter des millions à l'Etat.

Voilà la politique du commun des hommes en France ; & je suis d'autant plus étonné, Monsieur, de vous voir parler avec indifférence de ces colonies d'Artistes françois qui vont enrichir les Etrangers, que vous êtes entouré de Villes où les Réfugiés françois ont porté le travail, l'abondance, & nos regrets.

Encore une réflexion importante sur ces transmigrations. Jamais un ouvrier ne quitte son pays, à raison d'une gêne introduite mal-à-propos dans son Art, qu'il ne soit assûré d'exercer ailleurs cet Art prohibé. S'il trouve à l'exercer, on veut donc bien vendre ailleurs ce que nous ne voulons pas vendre ici ; ou pour mieux dire, nous aurons conſenti en pareil cas à acheter de l'étranger ce que nous aurons refuſé de lui vendre. Faites attention que toutes les Nations policées n'ont qu'une ſeule morale ; que les Lois relatives à la ſûreté publique, ſont toutes émanées du même principe : dès-lors ce qui eſt réellement un vice dans un pays, eſt criminel & proſcrit dans tous les autres. Il n'y a de différence dans la police des états de l'Europe, que celle qu'y mettent les vûes ou la vigilance de ceux qui gouvernent. Il paroît ſouvent plus commode à l'ignorance ou à la pareſſe de prohiber, que d'entrer dans les détails pour apprendre à modifier à-propos les prohibitions : comme un lâche emporté par la vengeance, croit toûjours que le plus ſûr eſt de ſe défaire de ſon ennemi.

Vos maximes, Monſieur, ſur la population, ſur le commerce, & ſur la bonne-foi des Artiſtes, n'ont que trop long-tems privé la France de ſes reſſources. Le preſtige eſt diſſipé : vous arrivez trop tard. En ſeriez-vous fâché, vous aurions-nous enlevé quelque branche de votre commerce utile ? Mais non, je ne puis croire qu'aucune eſpece d'intérêt ait emporté votre raiſon juſqu'à nous donner des conſeils ruineux. Vous aurez été la dupe d'un mot ſacré mal appliqué dans cette occaſion ; comme on peut l'être de cet extérieur d'une probité dure dans un mal-honnête homme.

J'eſpere que ma Lettre vous ramenera à une diſtinction raiſonnable entre ce qui appartient à l'économie de l'Artiſte, à ce coup-d'œil du génie qui ſait lire dans les ſecrets de la vanité, qui prévient ses caprices, & entre ce qui appartient à la fraude, à la supercherie, à la mauvaise foi. En prenant le parti de notre Bijouterie, Monsieur, je soûtiens celui de la Nation même, qui ne peut être offensée impunément dans une branche aussi délicate de son commerce. N'auriez-vous pas lû quelques-uns de nos Reglemens? Je souhaiterois fort pour l'honneur de mon pays, que ce gros recueil n'eût jamais été publié: sa lecture inspire une défiance de l'Artiste françois, qui rappelle sans cesse l'idée de la filouterie des Chinois. Mais le croiriez-vous, Monsieur? plusieurs de ces Requêtes par lesquelles on suppose que des Fabriquans & des Manufacturiers semblent dénoncer leurs propres délits pour éviter un supplice, sont des Requêtes qui n'ont jamais été connues ni lûes par les Parties intéresſées, ou contre leſquelles elles ont reclamé depuis : en voici la raiſon. Depuis long-tems nous avons des Inſpecteurs des Manufactures ; mais ce bel établiſſement n'a été utile que depuis qu'il a été conduit par des vûes ſupérieures, & la date eſt récente. Auparavant l'intrigue, où la faveur faiſoit éclore un Inſpecteur, à-peu-près comme le haſard diſtribue les primes d'une loterie : on vouloit paroître travailler ; & avant que d'avoir appris l'Art, on ſe hâtoit, pour mériter des gratifications, d'entaſſer mémoires ſur mémoires. Leurs auteurs dénués de toute connoiſſance de commerce, de toute idée de méchaniſme, & à plus forte raiſon de vûes, ſongeoient bien moins à la perfection de l'Art, qu'à ſaiſir ce prétexte frivole pour propoſer des innovations toûjours lucratives pour eux. Il falloit des motifs; alors on peignoit les Ouvriers & les Fabriquans comme des hommes occupés à tromper le public. On osoit faire parler des gens qui souvent n'avoient pas été entendus, gens même peu capables d'exposer leurs raisons; ou bien on leur ordonnoit d'avoit tel ou tel avis. Les Supérieurs surpris par des rapports que personne ne pouvoit contredire, approuvoient les idées de l'Inspecteur; & celui-ci, la force à la main, les faisoit exécuter. Un Ministre trompé s'applaudissoit des secours donnés à l'industrie, dans l'instant même où il condamnoit à la misere & dépeuploit une Province. Je ne vous citerai point de preuves équivoques sur ce que j'avance, Monsieur; confrontez les Reglemens sur une même matiere, vous reconnoîtrez aux contradictions les changemens des Inspecteurs.

J'ai deviné la ſource où vous avez puiſé vos principes ſur nos Manufactures ; & l'honnneur de la Nation m'a arraché cette anecdote malheureuſe. C'eſt le ſeul monument qui exiſte contre la bonne-foi des François dans le Commerce. Toute l'Europe ſait combien nous ſommes courans & fideles ; & toute l'Europe par bonheur n'a pas conſulté nos Reglemens pour acheter nos denrées.

Les reproches d'avidité & d'amour exceſſif pour le gain que vous faites à nos Artiſtes, ne ſont pas mieux fondés. Examinons-nous bien ſérieuſement, Monſieur : vous & moi, que faiſons-nous dans notre état ; ſinon de chercher à gagner ? L'argent eſt la récompenſe de notre profeſſion, comme les honneurs ſont la récompenſe des profeſſions diſtinguées : heureux même les états où les honneurs dénués de richesses, conservent encore leur avantage sur l'argent ! eux seuls fourniront une liste nombreuse de citoyens, de sujets vraiment attachés au Prince, aux Lois, à la Patrie ! Mais enfin cet argent gagné par l'industrie lui peut-il être reproché ? Si l'Etat favorise les gains exorbitans, en favorisant le monopole de quelques particuliers, c'est à lui que vous devez adresser vos plaintes. Par-tout où la concurrence n'est point restrainte, est-il honnête de reprocher à l'homme industrieux l'impôt volontaire que lui paye notre caprice ou notre curiosité. Je ne dirai pas qu'il fût impossible de mettre nos Artistes en état de faire meilleur marché de leurs Ouvrages aux Etrangers ; & pour vous convaincre de ma candeur, j'entrerai avec vous dans quelques legers détails ſur ce qui regarde la Bijouterie.

Cette profeſſion étant une des plus délicates, doit être ſurveillée avec un ſoin particulier; ainſi quoiqu'il fût poſſible d'apporter aux viſites des atteliers & à l'inſpection des Ouvrages des tempéramens plus doux, c'eſt un inconvénient attaché à la nature de la choſe, qu'une grande perte de tems. Il eſt encore moins facile de réparer celle qu'occaſionne le détail infini d'un ſemblable commerce. Vous conviendrez que tous ces momens perdus doivent être payés par ceux qui reſtent au travail.

Les procès qu'engendrent ſans ceſſe les viſites des Commis du Fermier de la marque d'or & d'argent, ſans égard aux circonſtances, ſur de ſimples doutes, même ſur des inimitiés perſonnelles, conſument encore & le tems & l'argent des Artistes; lors même qu'ils gagnent leur procès, ils ont été forcés d'abandonner leur attelier pour solliciter une audience, de payer un Avocat. Jamais nous n'avons vû un Commis puni pour avoir intenté un mauvais procès; & l'Artiste l'est toûjours avec rigueur, si sa cause n'est pas bonne. Le Commis procede donc à coup sûr, les accommodemens même lui sont lucratifs.

Les Fermiers ont si bien senti l'avantage des procès, qu'en imaginant un moyen très-naturel de les multiplier, ils ont creusé une mine fort riche pour eux. Chaque ouvrage d'Orfévrerie ou de Bijouterie est soûmis à un poinçon qu'on appelle de décharge : c'est une espece de quittance du droit, appliqué au bijou. A chaque renouvellement de bail, le nouveau Fermier imagine à son gré l'empreinte de son poinçon: l'usage est qu'il envoye chez tous les Artistes marquer gratuitement de son nouveau poinçon, les Ouvrages invendus qui portent le poinçon de son prédécesseur.

Tous les Ouvrages anciens qui entrent ensuite dans les magasins des Orfevres ou Bijoutiers, doivent être inscrits s'ils appartiennent à des particuliers, & qu'ils n'y soient que pour être retouchés ou raccommodés; & s'ils appartiennent à l'Orfevre ou Bijoutier, ils payent un nouveau droit de poinçon.

Pour rendre les contraventions plus communes, un Fermier a soin de choisir pour son nouveau poinçon une empreinte fort approchante de celle du Fermier précédent. A la faveur de cette empreinte équivoque, les Commis, armés de loupes, de microscopes, viennent chicanner l'Artiste, dresser procès-verbal de fraude, conclure à la saisie, &c. Un accommodement même coûte au moins deux louis. Le croiriez-vous, Monsieur, si ce n'étoit un fait notoire?

Le Ministere touché du trouble que cette inquisition apportoit aux Arts, confia lors du dernier bail qui expire à-présent, cette administration aux Gardes mêmes de la Maison commune des Orfevres. Le travail a été un peu plus tranquille : mais que l'esprit de Communauté est encore loin de l'esprit de Commerce! Le Fermier précédent avoit pour empreinte une tête de saumon, dont la hure alongée présente plûtôt, même à la loupe, l'idée d'un bec d'oiseau, que d'une tête de saumon. Les Gardes ont choisi une tête de poule : je ne les ſoupçonne point aſſûrément d'avoir voulu tendre un piege à leurs confreres ; mais ne devoient-ils pas plûtôt donner l'exemple aux Fermiers futurs, & même ſolliciter un Reglement qui preſcrivît de n'admettre jamais dans l'empreinte de ces poinçons aucune figure qui eût un rapport même confus de reſſemblance, avec celle qui ſervoit aux poinçons précédens ? Il eſt conſtant que ſous leur adminiſtration, il y a eu des procès à ce ſujet, qu'il y a eu des mépriſes de très-bonne foi, qui n'auroient point eu lieu, ſi la figure n'eût eu aucune eſpece de rapport avec la précédente. Ce n'eſt pas, comme je l'ai déjà obſervé, que l'eſprit deſtructeur de tout ce qui s'appelle communauté, ne ſoit capable de combinaiſons onéreuſes à l'induſtrie. En voici une qui pour être fort ſimple, n'eſt pas moins bien imaginée.

Le poinçon de la Maiſon commune répond du titre des Ouvrages: les matieres y ſont eſſayées avec beaucoup d'ordre, de ſoins, & de préciſion: quoiqu'il fût encore plus ſûr pour le Public & les Artiſtes, que la Communauté eût un Eſſayeur habile, permanent; au lieu que les Gardes changent, & ſont très-rarement au fait, en y entrant, de la Docimaſie. Il eſt juſte que ces mêmes matieres payent la dépenſe des eſſais, des inſtrumens, enfin le tems que les Gardes conſomment, loin de leurs affaires, au ſervice public. La loi leur accorde 18 grains par ſac des matieres d'or, quelle que ſoit la quantité des matieres contenues dans le ſac, que l'on apporte à l'eſſai; ſi les propriétaires n'aiment mieux payer

40 ſous ; & en ce cas le bouton d'eſſai leur doit être rendu. L'uſage eſt de le laiſſer à la Maiſon commune, quoique la valeur excede celle de 40 ſous : mais l'inimitié des Gardes eſt toûjours ruineuſe aux particuliers rebelles à leurs Reglemens ; ce ſont eux qui repartiſſent la capitation & l'induſtrie. Juſqu'à ce point la maltote n'eſt pas conſidérable : mais la docilité & la ſujétion des membres de la Communauté à ſes Gardes, a pouſſé plus loin leurs prétentions. De leur pleine autorité ils ſe ſont arrogé un demi-gros par marc d'or porté à l'eſſai : ce demi-gros vaut ſur le pié du commerce en or fin, 6 livres 5 ſous, & en or à 20 karats, il vaut environ 5 livres 5 ſous ſur le pié du commerce. Voilà une véritable impoſition ſur les Arts, qui renchérit une boîte du poids de 6 onces de 3 l. 18 ſ. 9 d.

Si c'est à raison des divers essais qu'il convient de faire, le prétexte est frivole : car 6 grains peuvent fournir la matiere d'un essai, & les 18 grains en procureront trois. Ils sont d'ailleurs les maîtres de faire tous les essais qu'ils jugent à-propos, en rendant les boutons.

Si c'est à raison des matieres de divers titres qui sont portées, le détour n'en sera pas moins odieux. Car 1°. les Gardes eux-mêmes ont sollicité & obtenu un Arrêt, par lequel il est défendu, sous les peines les plus séveres, de porter divers ors dans un même sac ; de maniere que si l'on porte à l'essai de l'or à 22 karats & à 20 karats, ils doivent être chacun dans une enveloppe séparée. 2°. Quand même un particulier voudroit courir le risque d'une saisie en mêlant les ors, le moins connoisseur

des

des hommes distinguera à l'œil l'or de 20 karats allié sur le rouge, de l'or à 22 karats allié sur le blanc.

Voilà, Monsieur, quelques-uns des abus qui contribuent à renchérir les Ouvrages de nos Artistes. Je ne compte point la chereté des réceptions, la limitation des maîtrises, la perception du droit de contrôle sur ce qui sort du Royaume, comme sur ce qui s'y achete : tous ces objets sont d'autant plus importans, qu'il faut nous résoudre à nous borner à la préférence sur le cher & le fini ; car les Etrangers employant l'or à 18 karats, peuvent fabriquer les menus ouvrages communs à meilleur marché que nous.

J'y pourrois ajoûter les tracasseries, les jalousies de Communauté, les brigues & les cabales pour parvenir aux places de Gardes qui sont fort lucratives : ces abus sont attachés à l'esprit de Communauté en général ; & toute place de Garde, depuis les Bonnetiers jusqu'aux Orfevres, est d'un très-gros produit à Paris. Il semble qu'on doit moins envier ce profit aux derniers ; on peut même le considérer comme une compensation de leur grande assiduité, du détail considérable de leur poste. Mais le Public ne peut s'empêcher de desirer que les six places de Gardes soient toûjours remplies par deux Orfevres, deux Bijoutiers, deux Metteurs-en-Œuvre ; afin que toutes les branches de Commerce reçoivent une égale protection. La Bijouterie employe plus de matiere d'or, que les deux autres Arts ensemble ; elle n'a cependant qu'un seul Garde, & depuis peu de tems par un ordre supérieur : quoique la matiere ſoit la même, les connoiſſances ſur l'une des trois Profeſſions ne donnent ni le droit ni la faculté de décider ſur les deux autres. Puiſque ce poſte honorable par ſa confiance eſt utile dans ſon exercice, ne devroit-il pas être deſtiné autrement que par des arrangemens particuliers? Ne ſeroit-il pas dû par préférence aux Artiſtes célebres, qui réuniſſant la fidélité & l'invention, ont mérité le nom glorieux de Citoyens utiles? L'honneur du choix ne réjailliroit-il pas ſur chaque membre en particulier?

Je ſuis, *&c.*

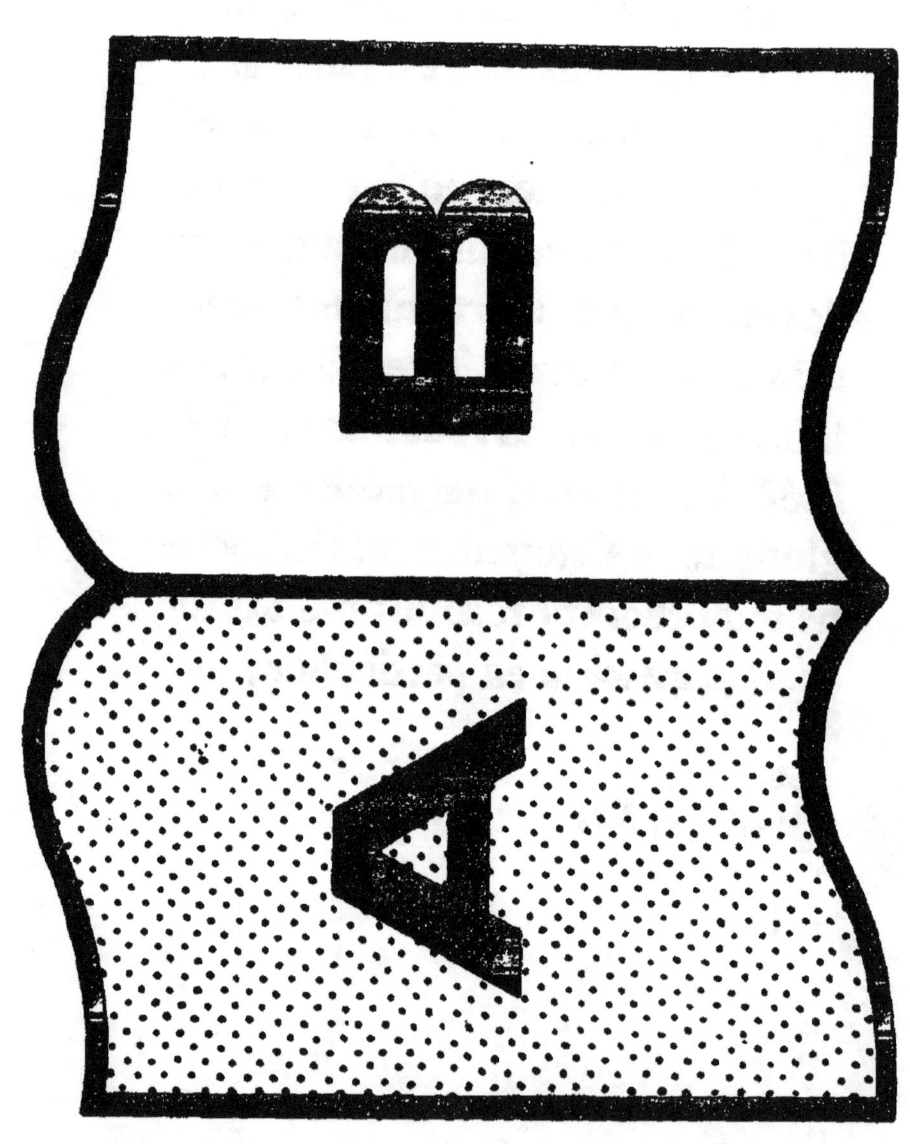

www.ingramcontent.com/pod-product-compliance
Lightning Source LLC
LaVergne TN
LVHW010624110826
845149LV00003B/1042

* 9 7 8 2 0 1 2 7 3 8 2 7 0 *